DON
BOSCO

Norbert Stockert

Die 50 besten Spiele für mehr Teamgeist

für 8- bis 12-Jährige

DON BOSCO

MiniSpielothek

**Gerne nehmen wir Ihre Anregungen,
Wünsche, Kritik oder Fragen entgegen:**
Don Bosco Medien GmbH, Sieboldstraße 11, D-81669 München
anregungen@donbosco-medien.de
Servicetelefon: +49(0)89 48008-341

Bibliografische Information der Deutschen Nationalbibliothek

Die Deutsche Nationalbibliothek verzeichnet diese Publikation in der Deutschen Nationalbibliografie; detaillierte bibliografische Daten sind im Internet über http://dnb.d-nb.de abrufbar.

4. Auflage 2026 / ISBN 978-3-7698-2509-1

produktinformation@donbosco-medien.de
www.donbosco-medien.de

Umschlag: Don Bosco Medien GmbH, München
Umschlaggrafik: Trueffelpix/stock.adobe.com
Layout: Alexandra Paulus
Satz: Don Bosco Medien GmbH, München
Druck: dieprintzen, Ursensollen

Gedruckt auf umweltfreundlichem Papier

Inhalt

Wir sind zur Zusammenarbeit geboren.

Marc Aurel

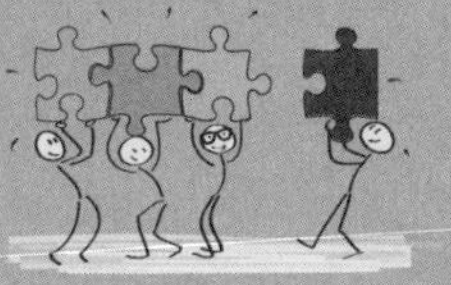

Spiele, um den Teamgeist zu wecken

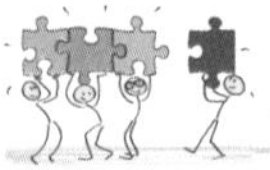

Autogrammjagd

Die Spielleitung gibt jedem Spieler ein Blatt, auf dem untereinander die Vornamen aller Mitglieder der Gruppe aufgelistet sind. Nun muss sich jeder die Autogramme aller anderen Spieler holen.
Das heißt, jeder Spieler unterschreibt auf dem Blatt eines jeden anderen bei seinem eigenen Namen.

Material

vorbereitete Blätter mit den Vornamen aller Spieler, Stifte

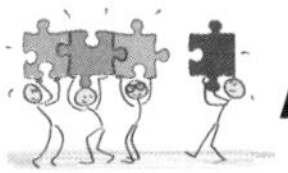

Autogrammsuche

Jeder Spieler schreibt auf ein Blatt zehn Aussagen über sich selbst. Beispielsweise was er gerne isst, trinkt, macht, besonders gut kann, ein Hobby ...
Anschließend muss jeder Spieler zu jeder Aussage einen anderen Spieler finden, auf den das auch zutrifft. Dieser gibt dann an der entsprechenden Stelle sein Autogramm.
Jeder darf auf dem Blatt eines anderen nur einmal unterschreiben.
Abschließend stellt jeder seine Aussagen vor. Die anderen können kundtun, ob dies jeweils auch für sie gilt.

Material

Blätter, Stifte

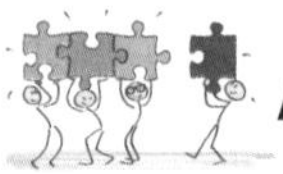

Autogrammstunde

Die Spielleitung gibt jedem Spieler ein Blatt, auf dem dieselben Aussagen stehen. Die Anzahl der Aussagen hängt von der Gruppengröße ab.

Beispiele

- Ich habe ein Haustier.
- Ich spiele ein Instrument.
- Ich war schon einmal in Spanien.
- Ich treibe aktiv Sport.
- Ich bin Vegetarier/in.
- Ich mag den Winter.
- Ich fahre gerne Fahrrad.
- Ich interessiere mich für Fußball.
- Ich trage gerne farbenfrohe Kleidung.

Alle gehen nun umher und sprechen andere Spieler gezielt auf Aussagen an. Wird z. B. Max gefragt, ob er aktiv Sport treibt, und es stimmt, so unterschreibt er auf dem Blatt des Fragenden an der entsprechenden Stelle. Derart versucht jeder, zu jeder Aussage jemanden zu finden, der ihm ein Autogramm geben kann.

Jeder Spieler darf auf einem anderen Blatt nur einmal unterschreiben und darf auf seinem eigenen Blatt nicht selbst unterschreiben.
Es ist möglich, dass es eine Aussage gibt, die auf niemanden zutrifft, z. B. findet sich eventuell kein Vegetarier in der Gruppe.
Abschließend geht die Spielleitung die einzelnen Aussagen durch und fragt jeweils, für wen das Betreffende gilt, beispielsweise: „Wer von euch spielt ein Instrument?“ Dabei erfährt jeder Vieles über die anderen.

Material

vorbereitete Autogrammblätter mit den Aussagen, Stifte

Namensballons

Die Spielleitung gibt jedem Spieler einen aufgeblasenen Luftballon, auf dem dessen Name steht. Alternativ schreibt jeder seinen Namen selbst auf einen Ballon. Die Spieler bewegen sich zu Musik im Raum und spielen mit den Ballons, wobei diese bunt gemischt im Raum unterwegs sind. Bei Musikstopp schnappt sich jeder einen Luftballon, liest den Namen, der darauf steht, sucht den entsprechenden Spieler und übergibt ihm seinen Ballon. Dann beginnt die nächste Runde.

Material

Musik, Luftballons, Permanentmarker

Die Namen kreuzen

Jeder Spieler schreibt auf ein leeres Blatt in die Mitte senkrecht seinen Namen in Druckbuchstaben. Danach gehen alle umher. Begegnen sich zwei Spieler, so tauschen sie ihre Blätter aus. Jeder schreibt auf das Blatt des anderen seinen eigenen Namen, wobei er einen Buchstaben der dort bereits stehenden Namen mit verwenden muss – wie bei einem Kreuzworträtsel. Findet man zunächst bei einem Spieler noch keinen übereinstimmenden Buchstaben, so geht man zu einem anderen Spieler. Je mehr Namen bereits auf einem Blatt stehen, desto mehr Buchstaben sind ja schon vorhanden und desto leichter ist es, seinen eigenen Namen dort zu platzieren. Schließlich sollte jeder auf seinem Blatt die Namen aller anderen Spieler versammelt haben.

Material

Blätter, Stifte

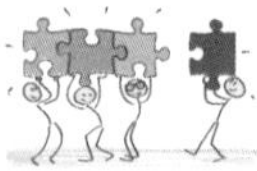

Namensrunde

Die Spieler stehen im Stuhlkreis. Die Spielleitung sagt den Namen eines beliebigen Spielers und setzt sich. Der Angesprochene nennt einen weiteren Spieler und nimmt danach ebenfalls Platz. So geht das beständig weiter: Man sagt den Namen eines stehenden Spielers und setzt sich dann. Schließlich steht nur noch ein Spieler. Er nennt den Namen der Spielleitung, so dass jeder einmal erwähnt wurde.
Tragen mehrere Spieler denselben Vornamen, so sollte bei ihnen noch der Nachname hinzugefügt werden.

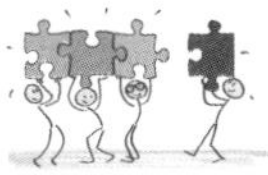

Platz nehmen

Die Spieler stehen im Stuhlkreis. Ziel ist es, dass alle sitzen. Das klingt einfach, ist es aber nicht: Denn sobald mehrere Spieler gleichzeitig sich setzen, müssen sie wieder aufstehen. Dabei ist keinerlei Verständigung erlaubt, d.h. die Spieler dürfen nichts sagen und sich auch keine Zeichen geben.

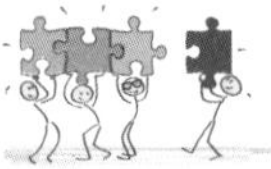

Schritte zur Mitte

Die Spieler stehen in einem großen Kreis. Aufgabe für die Gruppe ist es, dass alle einen Schritt zur Mitte machen, so dass schließlich alle wieder in einem, nun kleineren, Kreis stehen. Machen aber mehrere Spieler gleichzeitig ihren Schritt, so müssen sie wieder zurücktreten.

Es ist keinerlei Verständigung, weder verbal noch durch Gesten oder Mimik, gestattet.

Je mehr Spieler bereits im Innenkreis stehen, desto einfacher wird es und desto schneller geht es. Und der letzte Spieler kann ganz entspannt seinen Schritt machen.

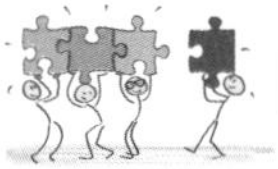

Ich auch!

Im Stuhlkreis beginnt ein beliebiger Spieler, indem er aufsteht und etwas nennt, das er gerne mag oder macht oder besonders gut kann. So sagt er beispielsweise: „Ich esse gerne Spaghetti!“ oder „Ich spiele gerne Fußball!“ oder „Ich kann gut schwimmen!“ Alle Spieler, auf die das Gesagte ebenfalls zutrifft, stehen auf und rufen „Ich auch!“
Reihum darf sich jeder äußern.

Variante

Ein Spieler stellt sich in die Mitte des Kreises und trifft eine entsprechende Aussage. Wieder stehen alle auf, für die das Genannte gilt, rufen „Ich auch!“ und tauschen danach ihre Plätze. Der Mittelspieler sucht sich jetzt auch einen freien Stuhl. Wer übrig bleibt, ist nächster Mittelspieler.

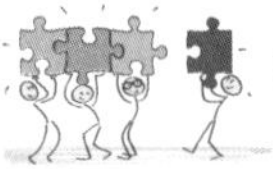

Wer hat schon einmal?

Im Stuhlkreis steht ein Mittelspieler. Er stellt an die Gruppe eine Frage mit der Formulierung: „Wer hat schon einmal ...?“ und nennt irgendetwas, das auf ihn zutrifft.
Beispielsweise sagt er:

- „Wer hat schon einmal im Wald übernachtet?“ oder
- „Wer hat schon einmal ein Bein gebrochen?“

Alle Spieler, auf die das Gefragte ebenfalls zutrifft, tauschen die Plätze; der Mittelspieler tauscht mit. Wer übrig bleibt, ist nächster Mittelspieler.
Nennt der Mittelspieler etwas, das nur für ihn gilt, so darf er nochmals fragen.

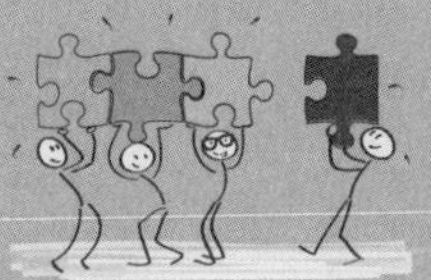

Spiele, um sich als Team zu finden

Wer ist da?

Die Spieler im Stuhlkreis drehen sich mit den Stühlen nach außen. Jeder versucht nun, sich alle anderen Mitglieder der Gruppe zu vergegenwärtigen und notiert ihre Namen, soweit sie ihm präsent sind, auf einem Blatt. Danach drehen sich alle zurück. Jeder Spieler schaut nun für sich nach, ob er sich an alle anderen erinnert hat bzw. wen er vergessen hat.

Material

Blätter, Stifte

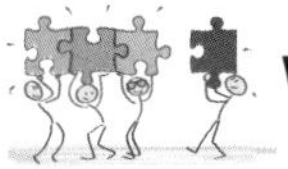

Wer fehlt?

Die Spieler gehen im Raum umher. Auf ein Zeichen der Spielleitung hin bleiben alle so, wie sie sind, an Ort und Stelle stehen und schließen die Augen. Die Spielleitung deckt einen beliebigen Spieler, der dabei in die Hocke geht, mit einem blickdichten Tuch ab. Auf ein weiteres Zeichen hin öffnen alle die Augen. Sie dürfen sich nun nicht mehr bewegen, auch den Kopf nicht wenden.
Aufgabe der Spieler ist es, gemeinsam herauszufinden, welcher Spieler verhüllt ist. Das ist dadurch möglich, dass sie sich gegenseitig darüber informieren, wen sie aus ihrer jeweiligen Position und Blickrichtung heraus sehen und so versuchen, den Vermissten zu identifizieren.

Material

größeres blickdichtes Tuch

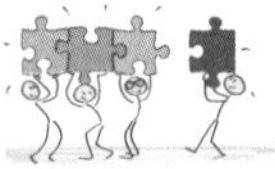

Wer bleibt übrig?

Die Spieler stehen im Stuhlkreis. Die Spielleitung heftet einem beliebigen Spieler ein Blatt mit dem Namen eines anderen Spielers auf den Rücken und zeigt der Gruppe zuvor, welcher Name dort notiert ist. Aufgabe des Spielers mit dem Blatt ist es, herauszufinden, um wen es sich dabei handelt. Dazu stellt er der Gruppe Fragen in Bezug auf die gesuchte Person, ohne aber Namen zu nennen. Er versucht derart, den Betreffenden im Ausschlussverfahren zu identifizieren.

Beispiel

Nehmen wir an, auf dem Blatt steht „Anna". Fragt er beispielsweise: „Ist es ein Junge?", so setzen sich alle Jungs und die Mädchen bleiben stehen, da Anna ja ein Mädchen ist. Fragt er weiter: „Hat sie blaue Augen?", so setzen sich alle Mädchen, die keine blauen Augen haben. Die Spieler antworten dabei nicht, sondern bleiben stehen, wenn das Gefragte auf sie zutrifft und setzen sich, wenn es nicht zutrifft. So kommt der Suchende dem Gesuchten immer näher, bis dieser als Einziger noch steht.

Material

Blatt, Stift, Sicherheitsnadel oder Klebeband bzw. Malerkrepp zum Befestigen

Wer passt zu mir?

Die Spieler stehen im Stuhlkreis. Die Spielleitung beginnt, indem sie einen Spieler namentlich anspricht und eine Gemeinsamkeit mit diesem Spieler nennt. Beispielsweise sagt sie: „Boris und ich haben blaue Augen.“ Dann setzt sie sich.
Boris spricht einen weiteren Spieler an und erwähnt eine Gemeinsamkeit mit diesem. Er sagt z. B.: „Emma und ich spielen gerne Fußball.“ Danach setzt er sich und Emma fährt auf diese Weise fort.
Je weniger Spieler noch stehen, desto schwieriger kann es werden, Gemeinsamkeiten zu entdecken. Wenn es aber klappt, steht zum Schluss nur noch ein Spieler. Dieser nennt abschließend eine Gemeinsamkeit mit der Spielleitung.

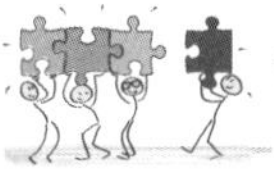

Wo geht's lang?

Die Spieler sitzen in einem Stuhlkreis, der so groß ist, dass man zwischen allen Stühlen durchgehen kann. Ein Spieler geht vor die Türe. Ein anderer geht einen beliebigen Weg, um die Stühle herum und durch den Kreis. Der Weg beginnt an der Tür und endet auf dem Platz des Spielers, der draußen ist. Alle prägen sich diesen Weg genau ein. Hilfreich ist es, ihn ein zweites Mal gehen zu lassen.

Der Spieler von draußen kommt nun herein und muss diesen Weg herausfinden. Das ist dadurch möglich, dass die Gruppe ihn leitet; und zwar mit Klatschen. Sie klatscht, solange er richtig geht und hört auf zu klatschen, sobald er eine falsche Richtung einschlägt. Derart lässt sich der Läufer von der Gruppe führen, bis er schließlich auf seinem Platz angekommen ist – und den verdienten Schlussapplaus entgegennimmt.

Zuordnung

Die Spielleitung hängt an eine Wand des Raumes ein grünes, an eine andere ein gelbes, an eine dritte ein rotes Blatt. Die Spieler versammeln sich in der Mitte. Ein beliebiger Spieler beginnt und nennt etwas, das er gerne mag oder macht. So sagt er beispielsweise:

- „Ich mag gerne Kirschen!“ oder
- „Ich wandere gerne!“

Alle Spieler, für die das Genannte ebenfalls gilt, stellen sich zum grünen Blatt; wer davon mäßig angetan ist, stellt sich zum gelben; wer es nicht gerne mag oder macht, stellt sich zu rot.
Jeder, der möchte, kann einmal eine Vorliebe äußern.

Variante

Die Spieler nennen etwas, das sie besonders gut können und sagen z. B.:

- „Ich kann gut schwimmen!“ oder
- „Ich kann gut rechnen!“

Entsprechend ordnen sich die anderen den Farben zu.

Material

ein grünes, gelbes und rotes Blatt, Malerkrepp zum Befestigen

16

Zimmersuche

Die Spieler sitzen im Stuhlkreis. Ein Mittelspieler fragt einen beliebigen Kreisspieler: „Ist bei dir ein Zimmer frei?“ Der Betreffende bejaht die Frage, schränkt aber die Gruppe derjenigen Spieler ein, für die dieses Zimmer infrage kommt, indem er beispielsweise sagt:
„Ja, aber nur für alle, die ...

- etwas Rotes anhaben“
- eine Brille tragen“
- gerne Musik hören“
- aktiv Sport treiben.“

Alle Spieler, auf die das Genannte zutrifft, tauschen ihre Plätze. Der Mittelspieler tauscht immer mit, auch wenn das erwähnte Merkmal nicht für ihn gilt. Wer keinen Platz findet, ist nächster Mittelspieler.
Der Gefragte kann etwas nennen, das nur auf ihn zutrifft; dann tauscht er mit dem Mittelspieler. Oder etwas, das für alle gilt; dann ist allgemeiner Platzwechsel.

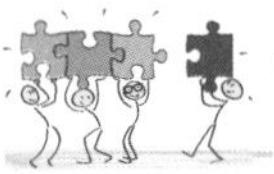

Wörtersalat

Die Spielleitung gibt jedem Spieler ein Blatt, auf dem ein Wort eines Satzes steht. Der Satz hat also so viele Wörter wie es Spieler gibt. Diese müssen nun gemeinsam herausfinden, wie der Satz lautet. Haben sie die Lösung, so stellen sie sich in der richtigen Reihenfolge der Wörter nebeneinander auf. Jeder nennt nacheinander sein Wort. Die Spielleitung sagt, ob es die richtige Lösung ist.

Variante

Die Spieler erhalten jeweils ein Blatt mit einem Buchstaben eines Wortes. Die Anzahl der Buchstaben ergibt sich wieder aus der Anzahl der Spieler. Dieses Mal gilt es, das Wort zu entdecken und sich wieder in der richtigen Reihenfolge zu postieren.

Material

Blätter mit Wörtern bzw. Buchstaben

Entflechten

Die Spielleitung legt Seile von mehreren Metern Länge auf dem Boden aus und verflechtet sie beliebig miteinander, ohne sie zu verknoten. Es sind halb so viele Seile wie Spieler. Jeder Spieler fasst nun ein Seilende. Aufgabe der Gruppe ist es, das Wirrwarr zu lösen, ohne die Seile loszulassen. Die Spieler dürfen sich dabei verständigen und sich Tipps geben.

Variante

Anspruchsvoller wird es, wenn die Spieler sich nicht verständigen dürfen.

Material

längere Seile, halb so viele wie Spieler

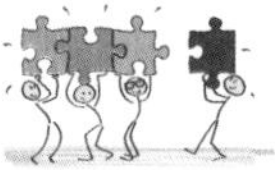

Vernetzung

Die Spieler verteilen sich beliebig im Raum. Die Spielleitung nennt den Namen eines Spielers, wirft diesem ein Wollknäuel zu und hält den Faden am Anfang fest. Der Angesprochene sagt den Namen eines weiteren Spielers, wirft diesem das Knäuel zu und hält den Faden fest. So geht das beständig weiter, bis alle „vernetzt“ sind. Der letzte Spieler wirft das Knäuel an die Spielleitung zurück.
Nun ist es Aufgabe der Gruppe, die entstandene Verflechtung zu entwirren, ohne den Faden loszulassen. Wenn es gelingt, stehen schließlich alle im Kreis.

Material

Wollknäuel

20

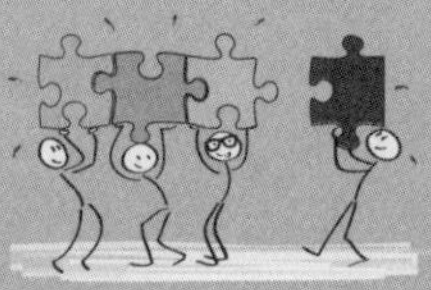

Spiele, um das Team in Bewegung zu bringen

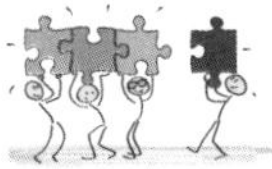

Rush Hour

Alle Spieler laufen möglichst schnell im Raum umher, eventuell zu Musik. Die Geschwindigkeit ist aber dadurch begrenzt, dass man mit niemand anderem zusammenstoßen, ja niemanden berühren darf. Das bedeutet also: So schnell wie möglich und so rücksichtsvoll wie nötig.
Die Spielleitung beendet das hektische Treiben, bevor den Spielern die Luft ausgeht.

Variante

Die Spieler sind paarweise in Handfassung unterwegs.

Material

eventuell Musik

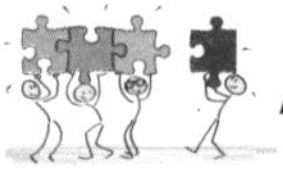

Agentenjagd

Die Spieler sind zu Musik im Raum unterwegs – und zwar als „Agenten“. Jeder sucht sich heimlich einen anderen Spieler als „Opfer“ aus, das er möglichst unauffällig „beschattet“. Bei Musikstopp erfolgt der „Zugriff“: Jeder packt schnell – und rücksichtsvoll – sein auserwähltes Opfer.
Knäuelbildung möglich!

Variante

Die Spieler sind paarweise in Handfassung unterwegs. Jedes Paar sucht sich ein anderes als „Opfer“ aus.

Material

Musik

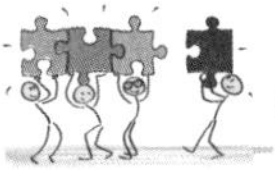

Anhängen

Die Spieler stehen verteilt im Raum. Auf ein Startzeichen der Spielleitung hin versucht jeder, sich möglichst schnell bei einem anderen Spieler anzuhängen, d.h. diesen – rücksichtsvoll – bei den Schultern zu packen. Hängen mehrere Spieler aneinander, so versucht der jeweils Vorderste, der als Einziger die Hände frei hat, den letzten Spieler einer anderen Kette zu fassen. Die Reihen dürfen nicht auseinanderreißen. Das geht so lange – bzw. so schnell – bis alle aneinanderhängen. Der vorderste Spieler kann dann noch versuchen, den letzten zu fassen, so dass sich ein Spielerkreis bildet.

23

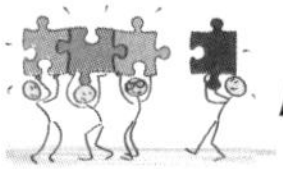

Alles bewegt sich!

Die Spieler verteilen sich im Raum. Nach und nach rollt die Spielleitung Bälle ein. Aufgabe der Gruppe ist es, gemeinsam alle Bälle ständig in Bewegung zu halten.
Man kann solange spielen, bis die Spieler es nicht mehr schaffen und der erste Ball liegen bleibt. Die Gruppe kann in wiederholten Durchgängen versuchen sich zu steigern.

Material

Bälle, am besten Tennisbälle

Gassentreiben

Die Spieler stellen sich, jeweils nebeneinander, in zwei gleich großen Gruppen einander gegenüber auf und bilden derart eine Gasse. Sie stehen so weit auseinander, dass sich bei ausgestreckten Armen die Fingerkuppen fast berühren. Nun strecken alle die Arme nach vorne aus. Ein einzelner Spieler läuft auf die Gasse zu. Die anderen reißen paarweise nacheinander die Arme hoch. So frühzeitig, dass der Läufer nirgends anstößt; aber auch so spät wie möglich, was es für den Laufenden spannend macht. Auf diese Weise entsteht eine wellenförmige Bewegung der Arme.

Jeder, der möchte, macht einen Lauf.

Voraussetzung ist die volle Konzentration bei allen. Deshalb sollte sich die Spielleitung vor jedem Lauf zunächst vergewissern, dass alle bei der Sache sind und erst danach ein Startsignal geben.

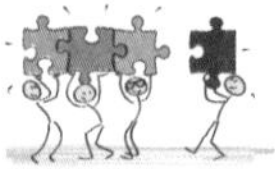

Stuhl-Staffel

Die Spieler bilden mehrere gleich große Kleingruppen. Jede Gruppe stellt an einer Seite des Raumes so viele Stühle wie Spieler hintereinander auf. Jeder Spieler stellt sich auf einen Stuhl.
Auf ein Startzeichen der Spielleitung hin versucht jede Gruppe, auf den Stühlen möglichst schnell die gegenüberliegende Wand zu erreichen. Dazu muss der jeweils hinterste Stuhl frei gemacht und nach vorne durchgereicht werden.
Kommt ein Spieler auf den Boden, so wird seiner Gruppe ein Stuhl weggenommen.

Material

so viele Stühle wie Spieler

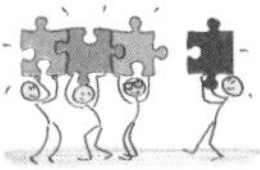

Reifenwechsel

Die Spieler stehen im Handkreis. Zwei Spieler halten mit je einer Hand zwischen sich einen Gymnastikreifen. Aufgabe der Gruppe ist es, diesen Reifen nacheinander zu durchqueren, wobei die Hände nicht gelöst werden dürfen – bis schließlich alle auf der anderen Seite stehen.

Material

Gymnastikreifen

27

Schlupflöcher

Die Spieler stehen in Handfassung in einer Linie nebeneinander. Die Räume zwischen jeweils zwei Spielern werden als „Schlupflöcher“ durchnummeriert. Somit ist zwischen dem ersten und zweiten Spieler Schlupfloch 1, zwischen diesem und dem dritten Spieler Schlupfloch 2 usw.

Die Spielleitung nennt nun die Nummer eines Schlupflochs. Der vorderste Spieler quert diese Lücke, alle anderen laufen der Reihe nach hinterher, stets in Handfassung. Sind alle durchgegangen, so hängt der vorderste Spieler sich hinten an. Danach nennt die Spielleitung ein weiteres Schlupfloch.

Ballon-Balance

Die Spieler stellen sich im Handkreis auf. Die Spielleitung wirft von außen nach und nach aufgeblasene Luftballons in die Kreismitte. Aufgabe der Gruppe ist es zu verhindern, dass die Ballons den Boden berühren und diese mit dem Körper gemeinsam in der Luft zu halten, ohne die Hände zu lösen.
Man kann solange spielen, bis der erste Ballon auf dem Boden liegt.

Material

Luftballons

29

Schuhsalat

Die Spielleitung richtet einen Stuhlkreis her, bei dem die Sitzflächen nach außen gedreht sind. Die Spieler ziehen zunächst ihre Schuhe aus und legen sie auf die Stühle, wobei die eigenen Schuhe auf je verschiedenen Stühlen liegen müssen. Dann laufen alle zu Musik um den Kreis. Bei Musikstopp sucht jeder zwei zusammengehörende Schuhe, spürt den Eigentümer auf und übergibt ihm sein Schuhpaar.

Material

Musik

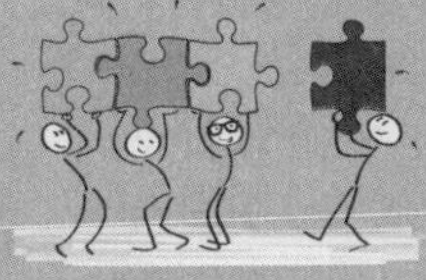

Spiele, um das Team heraus-zufordern

Stühlerücken

Im Stuhlkreis steht jeder Spieler hinter seinem Stuhl. Nun kippt jeder den Stuhl zu sich her, so dass er auf den hinteren Beinen steht und fasst ihn mit beiden Händen an der Lehne. Auf ein Signal der Spielleitung hin lassen die Spieler den Stuhl los, machen einen Schritt nach links und fassen den Nachbarstuhl, bevor dieser umfällt. Die Spielleitung gibt weitere Signale. Jedes Mal gehen die Spieler zum Nachbarstuhl und halten diesen fest. Das geht solange, bis jeder wieder an seinem Stuhl angekommen ist.
Fällt ein Stuhl um, so stellt ihn der betreffende Spieler einfach wieder auf.

Variationen

- Die Stühle dürfen nur mit einer Hand gefasst werden.
- Die Spieler müssen jeweils zwei Stühle weiterrücken.
- Die Spielleitung macht die Ansagen „links“ und „rechts“. Entsprechend fassen die Spieler jeweils den linken oder den rechten Nachbarstuhl.

Material

so viele Stühle wie Spieler

31

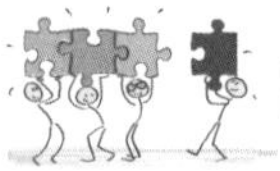

Hoch die Flaschen!

Die Spieler stehen im Schulterkreis, d.h. jeder legt seine Arme um die Schultern der Nachbarn. In der Mitte des Kreises liegt eine leere Flasche. Aufgabe ist es, diese Flasche mithilfe der Beine gemeinsam aufzustellen. Dabei müssen die Arme auf den Schultern liegen bleiben.

Variante

Mehrere Flaschen müssen aufgerichtet und hintereinander aufgestellt werden.

Material

leere Glasflaschen

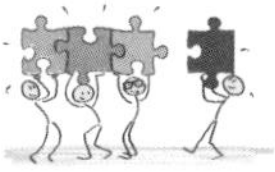

Ballstafette

Die Spieler stehen im Kreis. Die Spielleitung wirft einem beliebigen Spieler einen Ball zu. Dieser wirft ihn zu einem weiteren Spieler usw. Das geht solange, bis jeder einmal den Ball hatte. Der letzte Spieler gibt ihn an die Spielleitung zurück.
In einer weiteren Runde wird der Ball in derselben Reihenfolge durchgegeben. Jeder muss sich also merken, von wem er den Ball erhalten und wem er ihn zugeworfen hat.

Variationen

- Die Spielleitung gibt nacheinander mehrere Bälle ein, die in derselben Reihenfolge wandern müssen.
- Der Ball wird / die Bälle werden in umgekehrter Reihenfolge zugeworfen.

Material

Bälle

Gemeinsam bewegt

Die Spieler stehen im Kreis. Jeder macht für sich eine beliebige Bewegung, die sich gut im Stehen durchführen lässt. Aufgabe der Gruppe ist es, dieses Durcheinander an verschiedensten Bewegungen zu vereinheitlichen. Es geht darum zu erreichen, dass schließlich alle dieselbe Bewegung machen. Die Spieler müssen sich also koordinieren und gemeinsam auf die Bewegung eines Spielers einigen – wobei sie sich in keiner Weise, weder verbal, noch durch Mimik, noch durch Gesten, verständigen dürfen.

Einfüßler

35

Die Spielleitung legt ein Rundseil auf dem Boden aus. Anhaltspunkt für die Größe: Bei einem Dutzend Spieler sollte das Seil einen Durchmesser von 80 bis 90 cm haben. Nun stellt sich jeder Spieler mit dem Blick zur Mitte mit nur einem Bein in den Kreis. Das wird mit der Zeit eine wacklige Sache. Deshalb dürfen die Spieler sich gegenseitig halten und versuchen, in dieser Position eine Zeitlang das Gleichgewicht zu halten.

Variante

Die Spielleitung kann durch Vergrößern des Kreises die Aufgabe erschweren.

Material

Rundseil

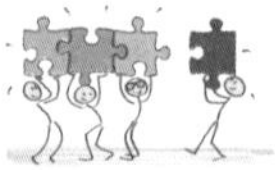

Pfennigfuchserei

In einem mit Malerkrepp markierten Bereich legt die Spielleitung eine Anzahl Münzen beliebig verteilt aus. Die Spieler stellen sich in diesen Bereich, der so klein sein sollte, dass sie z. T. auf den Münzen stehen müssen. Nun gilt es, gemeinsam die Anzahl der ausgelegten Münzen zu ermitteln. Dabei dürfen die Spieler sich nicht von der Stelle bewegen, aber die Füße anheben. Die Münzen dürfen nicht verschoben werden.

Material

Münzen, Malerkrepp

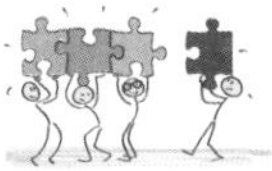

Blattsalat

Die Spielleitung legt so viele Blätter bzw. Zeitungsblätter beliebig verteilt im Raum aus wie es Spieler gibt. Jeder Spieler stellt sich auf ein Blatt. Nach und nach legt die Spielleitung weitere Blätter aus. Aufgabe der Gruppe ist es, zu erreichen, dass alle Blätter von den Spielern mit irgendeinem Körperteil berührt werden, wobei sie sich gegenseitig halten dürfen. Das geht solange, bis die Gruppe es nicht mehr schafft.

Material

Blätter bzw. Zeitungsblätter

37

Am seidenen Faden

Die Spieler stellen sich hintereinander auf. Die Spielleitung verbindet ihre Hände mit Wollfäden; und zwar jeweils die linke Hand eines Spielers mit der rechten Hand des Spielers hinter ihm. Die Fäden sollten so lang sein, dass zwischen den Händen ein gewisser Spielraum besteht. In dieser innigen Verbundenheit muss die Gruppe nun einen vorgegebenen Hindernisweg zurücklegen, z. B. über Stühle, über Tische oder unten durch. Dabei sollten die Spieler behutsam agieren, denn die Fäden dürfen nicht reißen.

Variante

Noch anspruchsvoller wird es, wenn die Spieler an den Füßen zusammengebunden sind.

Material

Wollfäden

Immer an der Wand lang!

Die Spieler stellen sich nebeneinander an einer Wand des Raumes auf, mit dem Gesicht zur Wand und beiden Händen an der Wand. Nun gibt die Spielleitung ein Merkmal vor, nach dem die Spieler sich sinnvoll in einer Reihe anordnen müssen, z.B. alphabetisch nach dem Anfangsbuchstaben ihres Namens, chronologisch nach dem Datum ihres Geburtstages, nach der Hausnummer. Bei dem nun folgenden Platzwechsel müssen die Spieler immer mindestens eine Hand an der Wand beibehalten.

Hochstapelei

Diese Aufgabe bietet sich zum Abschluss einer Spielerunde an und erleichtert zugleich der Putzkraft die Arbeit.
In der Mitte des Raumes steht ein Tisch, im Raum stehen Stühle. Aufgabe der Gruppe ist es, gemeinsam alle Stühle auf dem Tisch zu stapeln.
Die Spielleitung muss abschätzen, wie viele Stühle sie zur Verfügung stellt. Die Hochstapelei darf nicht gefährlich werden, sollte aber eine Herausforderung für die Gruppe darstellen.

Material

Tisch und Stühle

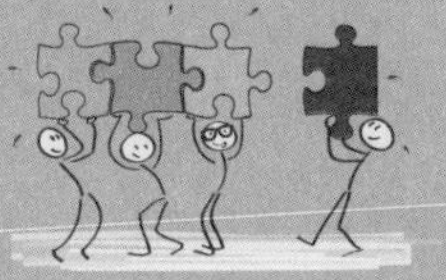

Spiele, um den Teamgeist zu spüren

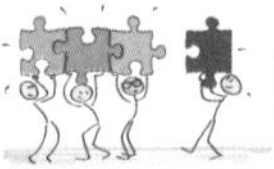

Dibbedibbedibb

Ein Spiel, bei dem man schön gemeinsam in Schwung kommt.
Die Spieler stehen im Kreis. Die Spielleitung spricht den folgenden Text:

„Dibbedibbedibb, seid ihr schon fit?
Ganz egal – macht einfach mit!

Dibbedibbedibb, mit / ohne Zopf,
wir bewegen jetzt den Kopf!

Dibbedibbedibb, was man so kann,
denn nun sind die Schultern dran!

Dibbedibbedibb, mit einem Rütteln
woll'n wir jetzt die Arme schütteln!

Dibbedibbedibb, das tun wir auch
und schütteln kräftig unsern Bauch!

Diibebdibbedibb, nun sind wir froh,
drum wackeln wir jetzt mit dem Po!

Dibbedibbedibb, ich will's verheißen,
wir werden mit dem Becken kreisen!

Dibbedibbedibb, gar nicht alleine
schütteln wir nun unsere Beine!

Dibbedibedibb, und ganz zum Schluss
kreisen wir noch mit dem Fuß!

Dibbedibbedibb, o weh, o weh,
vergessen haben wir den Zeh!

Dibbedibbedibb, jetzt sind wir fit,
macht nächstes Mal doch wieder mit!"

Das jeweils letzte Wort eines Verses (im Text unterstrichen) wird von der Spielleitung nicht gesprochen, sondern die Spieler müssen es gemeinsam ergänzen. Danach führen sie die Bewegung aus, die im Text vorgegeben ist.

Eins – zwei – drei!

Im Stuhlkreis beginnt die Spielleitung, indem sie eine bestimmte Situation vorgibt. So sagt sie beispielsweise: „Ein Bahnhof". Der linke Nachbar nennt daraufhin etwas zum Bahnhof Passendes mit der Zahl zwei. Er sagt z. B.: „Zwei Schalter". Der nächste Spieler fährt eventuell fort mit: „Drei Gleise". Reihum nennt also jeder folgende Spieler etwas zum Bahnhof Passendes mit der nächsthöheren Zahl. Bei einer Gruppe von zwanzig Spielern inklusive Spielleitung heißt es dann vielleicht zum Schluss: „Achtzehn Züge" – „Neunzehn Koffer" – „Zwanzig Reisende". Wer eine Idee hat, kann mit einer neuen Situationsdarstellung beginnen.

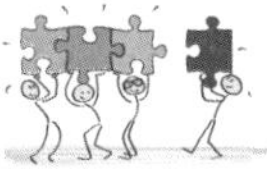

Aufgaben

Jeder Spieler erhält ein Blatt mit denselben Aufgaben, die sich auf die Gruppe beziehen. Jeder Spieler soll jede dieser Aufgaben erfüllen. Die Reihenfolge ist beliebig.

Beispiele

- Jedem Spieler die Hand schütteln.
- Fünf Spielern anerkennend auf die Schulter klopfen.
- Zu dritt eine Pyramide bauen.
- Vier Spielern ein Lob erteilen.
- Mit jemandem zusammen einige Takte tanzen.
- Zu dritt ein Lied intonieren.
- Mit jemandem gemeinsam ein Sprichwort aufsagen.
- Zu viert einen Spieler ein Stück weit tragen.
- Zu dritt zusammen unmotiviert lachen.

Material

vorbereitete Aufgabenblätter, Stifte

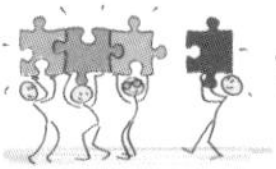

Warmer Rücken

Die Spielleitung heftet jedem Spieler ein festes Blatt auf den Rücken und gibt ihm einen Filzstift. Alle gehen im Raum umher. Wer möchte, schreibt auf das Blatt eines anderen etwas, das sich auf diese Person bezieht. Beispielsweise wie er ihn erlebt, was ihm an ihm gefällt, was ihn an ihm beeindruckt. Es dürfen nur positive, wertschätzende Aussagen gemacht werden. Nach angemessener Zeit werden die Blätter abgenommen. Jeder liest für sich, was andere geschrieben haben und lässt es auf sich wirken. Das tut gut!
Die Blätter können auch aufgehängt werden.
Die Spielleitung sollte darauf achten, dass jeder Spieler ausreichend viele Aussagen erhält, um sich wertgeschätzt zu fühlen. Da aber der Teamgeist vorhanden ist, sollte das kein Problem sein.

Material

Blätter, Filzstifte, Malerkrepp zum Befestigen

Brückenbau

Die Spieler stehen im Kreis. Die Spielleitung wendet sich nach links und klatscht sich mit dem übernächsten Spieler ab. Sie bildet derart eine Brücke über dem Spieler zwischen ihnen, der dabei in die Hocke geht. Danach klatscht sich der linke Nachbar der Spielleitung mit dem übernächsten Spieler ab, wobei der Spieler zwischen ihnen wiederum in die Hocke geht. Dieser Brückenbau läuft einmal durch den Kreis bis zur Spielleitung zurück.

Variationen

- Die Spielleitung schickt mehrere Brücken nacheinander los.
- Die Spielleitung schickt eine Brücke nach links, danach eine weitere nach rechts los. Besonders anspruchsvoll wird es für diejenigen Spieler, bei denen die Brücken sich begegnen.

Pendel

Die Spieler stehen eng nebeneinander im Kreis; ein Spieler steht in der Mitte. Er macht sich steif und legt die Arme an oder kreuzt sie vor der Brust. Die Kreisspieler strecken die Arme aus, richten die Handflächen auf und stellen einen Fuß nach hinten, so dass sie stabil stehen. Nun lässt sich der Mittelspieler in eine beliebige Richtung fallen. Die Kreisspieler fangen ihn auf und schubsen ihn behutsam in eine andere Richtung, wo er wieder aufgefangen und weitergereicht wird.
Das Spiel erfordert bei allen Beteiligten volle Konzentration.

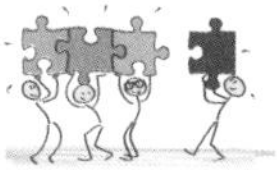

Im Gleichgewicht

Die Spieler stellen sich im Schulterkreis auf. Die Spielleitung legt jedem Spieler unter jeden Fuß einen Tennisball, so dass schließlich kein Fuß mehr den Boden berührt. In dieser Position versucht die Gruppe zunächst eine Zeitlang das Gleichgewicht zu halten. Danach stoßen die Spieler in beliebiger Reihenfolge nach und nach je einen Ball weg. Die Gruppe versucht so weit zu kommen, dass schließlich jeder Spieler nur noch auf einem Bein bzw. Ball steht und dabei das Gleichgewicht zu halten.

Material

doppelt so viele Tennisbälle wie Spieler

Jurtenkreis

Die Spieler stehen in Handfassung im Kreis und zählen auf 2 durch; es muss aufgehen. Das kann die Spielleitung dadurch regulieren, dass sie mitmacht oder nicht. Auf ein Zeichen der Spielleitung hin lehnen sich die Spieler mit der Zahl 1 behutsam nach innen, die mit der Nummer 2 nach außen. Danach neigen sich die Zweier nach innen, die Einser nach außen. So geht das hin und her. Die Gruppe versucht in diesem Wechselspiel einen gemeinsamen Rhythmus zu finden.
Erforderlich ist eine Mindestteilnehmerzahl von zehn Spielern.

Meereswellen

Die Gruppe steht im Handkreis. Sie stellt Wellenbewegungen dar, die die Spielleitung vorgibt. Gemeinsam werden die Arme gehoben, erst ganz leicht, dann zunehmend höher, bis die Arme ganz oben sind und dann werden sie wieder gesenkt. Beim jeweiligen Heben der Arme machen alle einen Schritt zur Mitte, beim Senken wieder einen Schritt zurück. Zu jeder Armbewegung erzeugen die Spieler Wellengeräusche, erst ganz leise, dann immer lauter. Bei der letzten Stufe, wenn die Arme ganz oben sind, lösen alle die Hände, drehen sich einmal im Kreis und fassen sich dann wieder an. Danach geht es stufenweise zurück, bis alle wieder in der Ausgangsposition stehen.

49

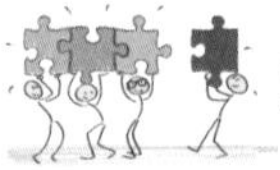

Schluss-Spots

Dieses Spiel eignet sich für den Abschluss einer Spielerunde.
Die Spieler bewegen sich zu Musik im Raum. Bei Musikstopp gibt die Spielleitung eine Anweisung, die dann alle ausführen.

Beispiele

- Allen die Hand schütteln.
- Sich gegenseitig anerkennend auf die Schulter klopfen.
- Anderen etwas Nettes sagen.
- Sich Pseudo-Abschiedstränen wegwischen.
- Einander zum Abschied zuwinken.

Material

Musik

Zum Autor

Norbert Stockert ist Diplompädagoge und selbstständiger Spielpädagoge. Er gibt Fortbildungen zum Thema Gruppenspiel, leitet Spielprojekte mit Kindern und Jugendlichen und bietet Vorträge an.

Weitere Veröffentlichungen bei Don Bosco Medien:
Die 50 besten Spiele zur Förderung der Klassengemeinschaft. Für 8- bis 12-Jährige
ISBN 978-3-7698-2465-0

Die 50 besten Spiele zur Förderung der Klassengemeinschaft. Für 8- bis 12-Jährige – eBook
ISBN 978-3-7698-8108-0

Die 50 besten Kooperationsspiele
ISBN 978-3-7698-2001-0

Die 50 besten Kooperationsspiele – eBook
ISBN 978-3-7698-8024-3

Die 50 besten Stuhlkreis-Spiele
ISBN 978-3-7698-1937-3

Die 50 besten Stuhlkreis-Spiele – eBook
ISBN 978-3-7698-8061-8

Die 50 besten Fang- und Versteckspiele
ISBN 978-3-7698-1919-9

Die 50 besten Fang- und Versteckspiele – eBook
ISBN 978-3-7698-8056-4

Don Bosco MiniSpielothek
Klein, fein, alles drin

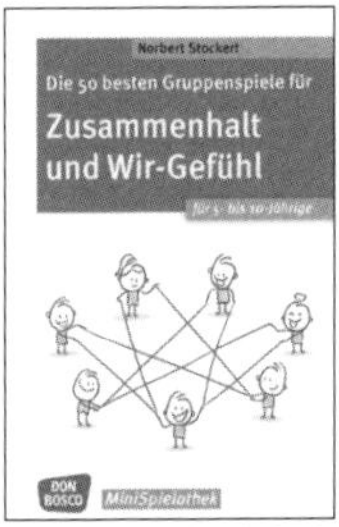

ISBN 978-3-7698-2587-9

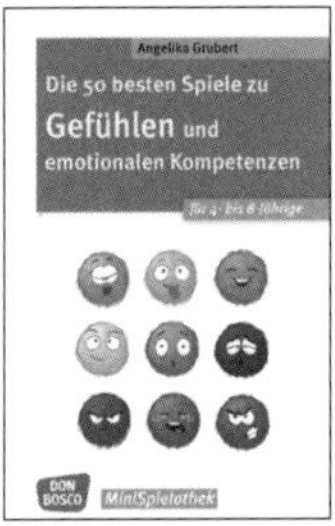

ISBN 978-3-7698-2588-6

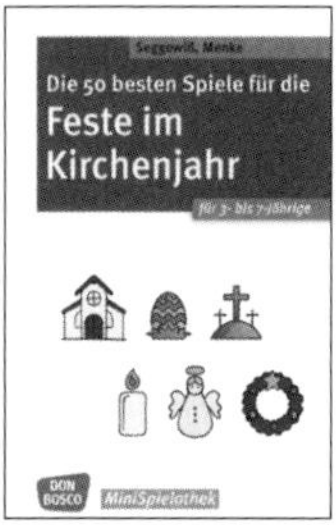

ISBN 978-3-7698-2582-4

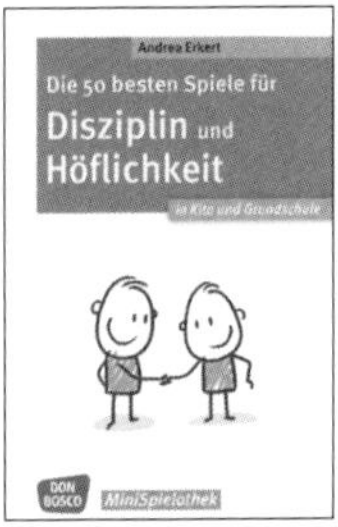

ISBN 978-3-7698-2583-1

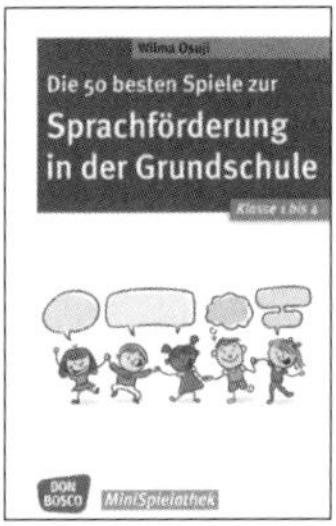

ISBN 978-3-7698-2577-0

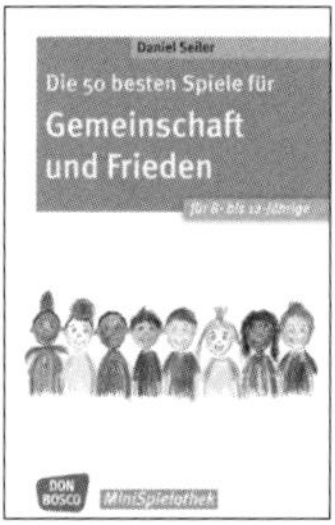

ISBN 978-3-7698-2576-3

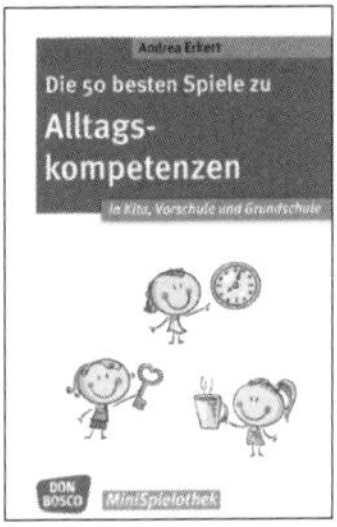

ISBN 978-3-7698-2573-2

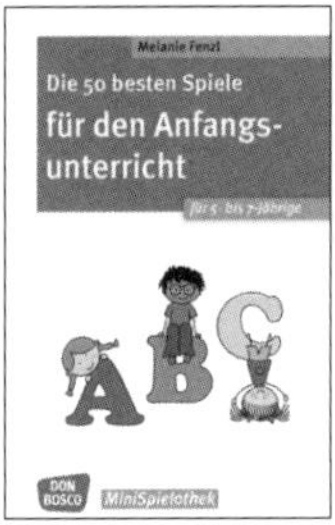

ISBN 978-3-7698-2572-5

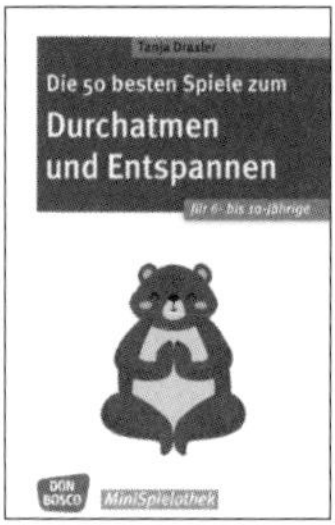

ISBN 978-3-7698-2569-5

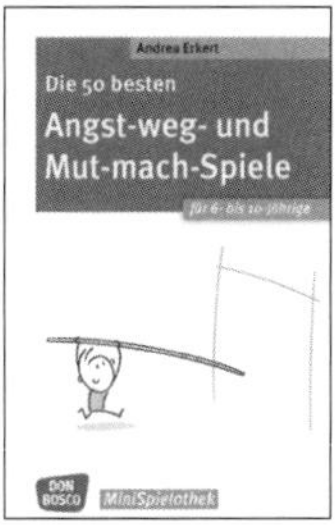

ISBN 978-3-7698-2565-7

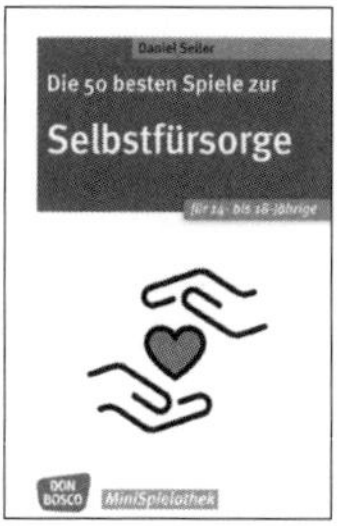

ISBN 978-3-7698-2558-9

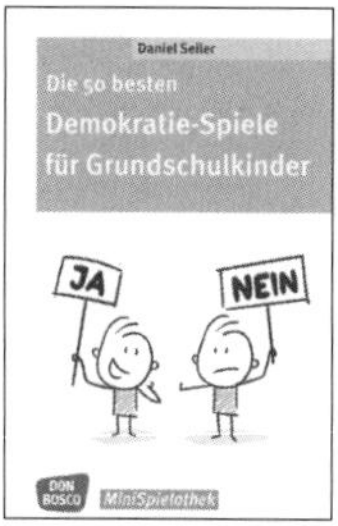

ISBN 978-3-7698-2559-6

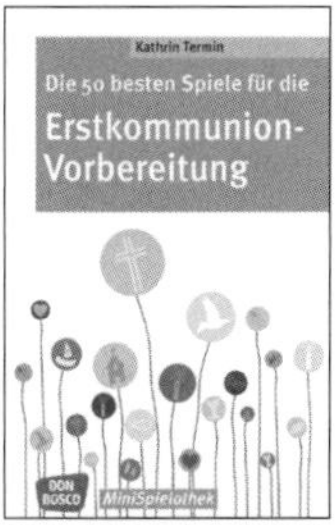

ISBN 978-3-7698-2556-5

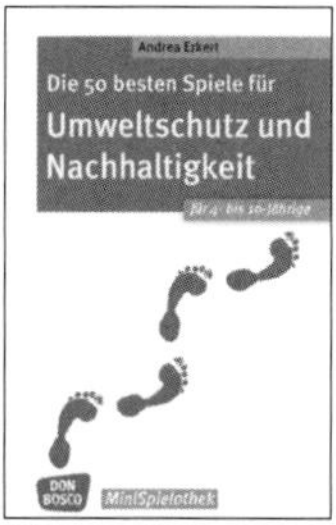

ISBN 978-3-7698-2555-8

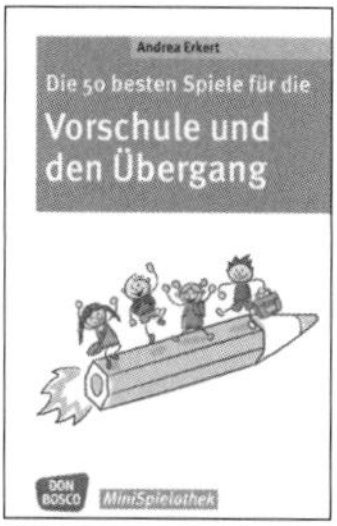

ISBN 978-3-7698-2546-6

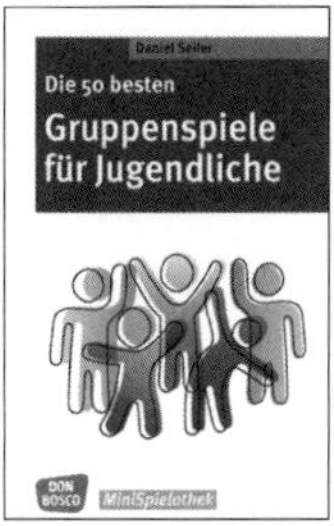

ISBN 978-3-7698-2545-9

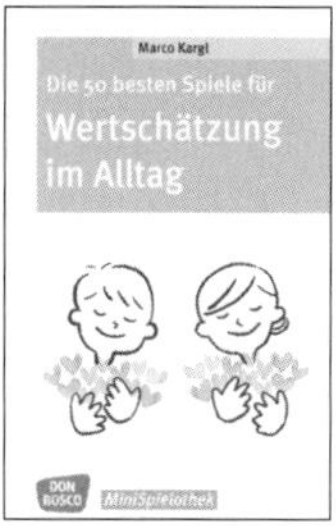

ISBN 978-3-7698-2540-4

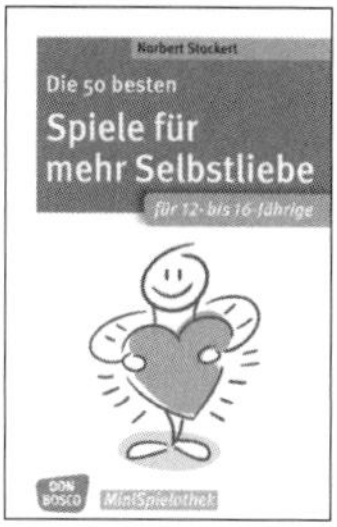

ISBN 978-3-7698-2539-8

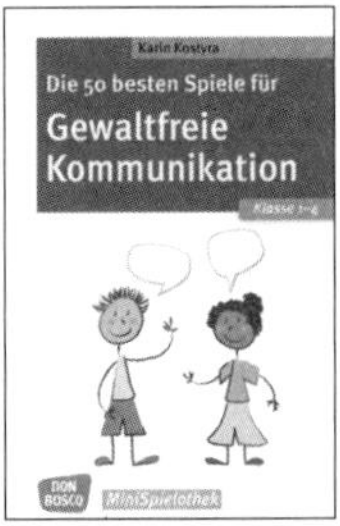

ISBN 978-3-7698-2521-3

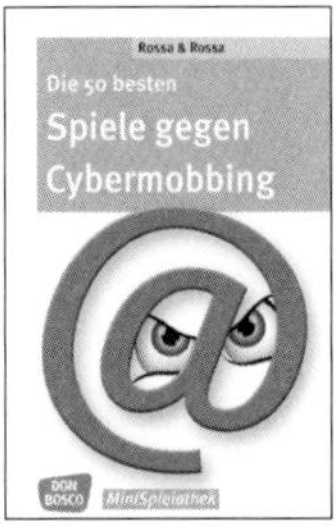

ISBN 978-3-7698-2520-6

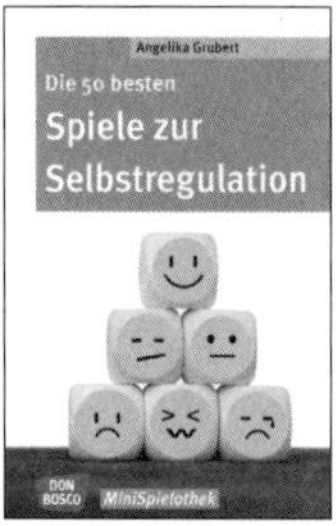

ISBN 978-3-7698-2510-7

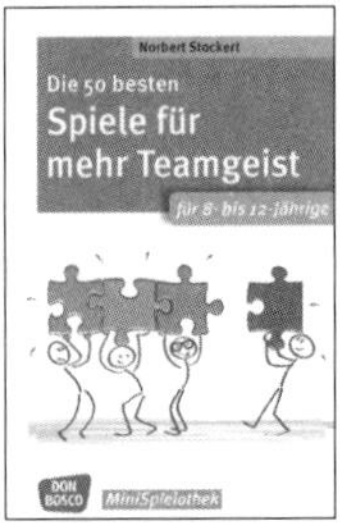

ISBN 978-3-7698-2509-1

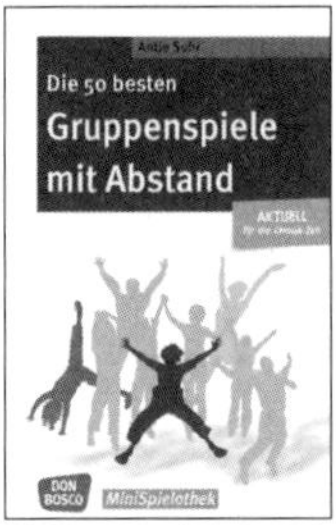

ISBN 978-3-7698-2503-9

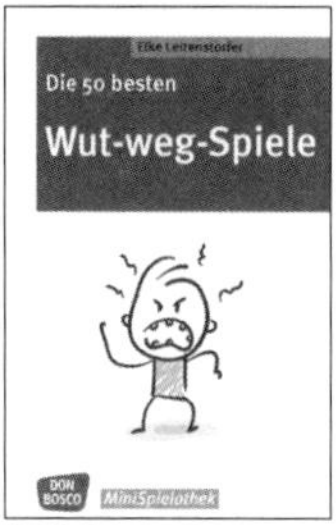

ISBN 978-3-7698-2498-8

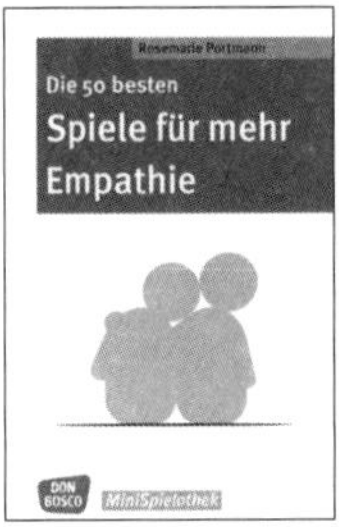

ISBN 978-3-7698-2497-1

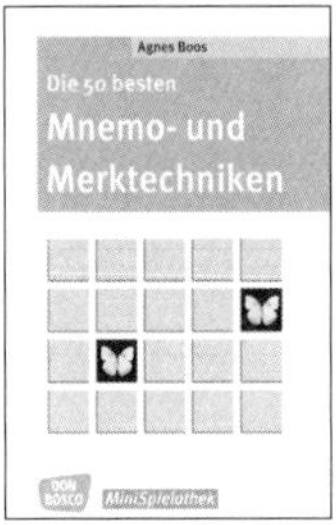

ISBN 978-3-7698-2466-7

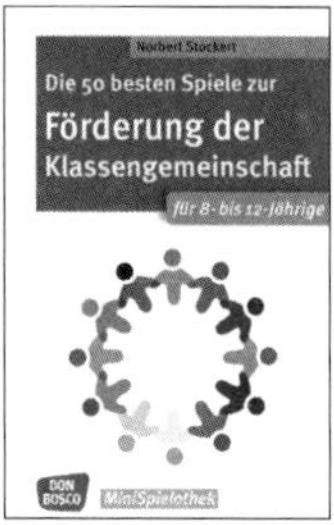

ISBN 978-3-7698-2465-0